Barbara Hipp

Selbstbewusstsein

– fit in 30 Minuten

Kids auf der Überholspur

Die Deutsche Bibliothek - CIP-Einheitsaufnahme

Ein Titeldatensatz für diese Publikation ist bei
Der Deutschen Bibliothek erhältlich

Herausgeber: Das LernTeam, Marburg
Redaktion: Sandra Klaucke, Astrid Hansel, Frankfurt/Main
Layout, Illustrationen, Titel: Ulf Marckwort, Kassel
Layout, Satz: Frank Werner, Kassel
Druck und Verarbeitung: Salzland Druck, Staßfurt

© 2003: GABAL Verlag GmbH, Offenbach

Alle Rechte vorbehalten. Nachdruck, auch auszugsweise,
nur mit schriftlicher Genehmigung des Verlags.

Hinweis:
Dieses Buch ist sorgfältig erarbeitet worden. Dennoch erfolgen
alle Angaben ohne Gewähr. Weder Autoren noch Verlag können
für eventuelle Nachteile oder Schäden, die aus den im Buch
gemachten Hinweisen resultieren, eine Haftung übernehmen.

Printed in Germany
ISBN 3-89749-069-2
www.gabal-verlag.de

In 30 Minuten auf die Überholspur!

Dieses Buch ist so konzipiert worden, dass du in kurzer Zeit erfährst, wie du dein Selbstbewusstsein stärken kannst.

- Jedes Kapitel beginnt mit drei Fragen, die auf den darauf folgenden Seiten beantwortet werden.

- Nach jedem Kapitel werden die wichtigsten Inhalte noch einmal zusammengefasst.

Da dieses Buch so klar und deutlich strukturiert ist, kannst du es immer wieder zur Hand nehmen, um schnell die für dich interessanten Teile zu wiederholen. Das Stichwortregister wird dir dabei eine zusätzliche Hilfe sein.

Inhalt

Hallo und herzlich willkommen!	6
Einstiegstest: Wie selbstbewusst bist du?	8
1. Wer bist du?	10
Deine Stärken!	12
Deine Schwächen?	13
Deine persönliche Schatztruhe	17
2. Wohin mit den Gefühlen?	22
Gefühle können sprechen	24
Angst ist uncool!?	27
Entspannen im richtigen Moment	29
Echte Miesmacher	31
Drachenjagd fürs Selbstbewusstsein	33
3. Was dein Körper zu sagen hat …	36
Körperpflege ist wie streicheln	38
Dein Körper spricht mit dir und anderen	41
Sport macht stark	44

4. Jetzt rede ich! 46
   Ich sage meine Meinung 48
   Ich entscheide selbstständig 53
   Ich bin ich 55
   Der Spaßfaktor 56

Dein Erfolgsfoto 59

7 starke Tipps für mehr Selbstbewusstsein 60

Weiterführende Literatur 61

Stichwortregister 62

Hallo und herzlich willkommen!

"Zu meinem Erstaunen habe ich gehört, dass es Menschen geben soll, die sich für schöner, intelligenter und selbstbewusster halten als ich. Ich bin sicher, dass mit ihrem Selbstbild etwas nicht stimmt." Axel Munth

Selbstsicherheit, Selbstvertrauen und Selbstbewusstsein sind sehr gefragt. Axel hat's gut.
Aber ganz ehrlich – solche Axels trifft man selten. Viel häufiger höre ich: „Das schaffe ich nie!", „Ich habe gar keine Freunde" oder „Ich traue mich nie, das zu sagen, was ich denke!"

Vielleicht liest du dieses Vorwort, weil du diese Sätze auch kennst, oder der, der dir dieses Buch geschenkt hat.

Zur Beruhigung ...
Mehr als 90 Prozent der Menschen sehen „Schwächen" in ihrem Selbstbewusstsein und sind unzufrieden mit sich selbst. Niemand wird gerne rot, wenn er jemanden anspricht, den er sympathisch findet, aber nicht kennt. Jeder würde gerne seine Meinung sagen, ohne ein zittriges Gefühl im Magen zu haben.

„Wer nicht selbstbewusst auftritt, ist ein Verlierer" – so denken viele Menschen, ohne zu wissen, was Selbstbewusstsein eigentlich ist.

Zur Ermutigung …
Es geht nicht darum, so zu sein wie Axel Munth, sondern darum, so sein zu können, wie man ist.

Zu mehr Selbstbewusstsein …
kommst du deshalb, wenn du herausfindest, wer du bist, was du kannst und wie du mir dir selbst, deinen Eltern, Freunden oder Lehrern sicherer und ehrlicher umgehst. Genau dafür ist dieses Buch entstanden, mit vielen Tipps, Antworten, Fragen und Übungen, die dir helfen auf deinem Weg zu einem starken Ich.

Viel Spaß beim Lesen und Ausprobieren wünscht dir

Barbara Hipp

Wie selbstbewusst bist du?

Dein Selbstbewusstsein setzt sich wie ein Puzzle aus vielen kleinen Teilen zusammen. Dein Selbstbild ist ein Teil davon. Wie schätzt du dich ein? Kreuze an, welchen Aussagen du zustimmst und welche nicht auf dich zutreffen.

ja nein

- Ich könnte jetzt von einem meiner Erfolge erzählen.
- Ich erkenne andere an und lobe gern.
- Ich kann mich ganz entspannen.
- Ich fühle mich nicht einsam, wenn ich allein bin.
- Ich weiß, wie ich auf andere wirke.
- Ich probiere gerne Neues aus.
- Ich habe ein Ziel, für das ich mich einsetze.
- Misserfolge machen mich aktiv.
- Meine Meinung ist wichtig.
- Ich arbeite/lerne gerne zusammen mit anderen.
- Ich gebe Fehler zu.
- Manchmal bin ich wütend oder traurig – das muss sein.
- Alles in allem finde ich mich o. k.

Auswertung
des Tests

13 ehrliche Jas
Herzlichen Glückwunsch! Du bist ein sehr zufriedener und selbstbewusster Mensch. Dieses Buch zeigt dir eigentlich nur, was du auf keinen Fall an dir ändern solltest.

13 ehrliche Neins
Auch dir einen herzlichen Glückwunsch! Du hältst dieses Buch in der Hand, weil du viele Fragen an dich hast. Das ist schon der erste Schritt zu mehr Selbstbewusstsein.

Irgendetwas dazwischen?
Es gibt keine Punktwertung für dein Selbstbewusstsein. Du kennst dich einfach mehr oder weniger. Vielleicht findest du dich völlig in Ordnung und wunderst dich doch oft über dich. Oder du weißt, dass du eine Menge kannst, und trotzdem bist du unzufrieden mit dir. Möglicherweise ist dir auch aufgefallen, dass andere dich immer ganz anders einschätzen, als du selbst es tust.

In diesem Buch findest du viele Denkanstöße und konkrete Tipps, durch die du erkennen kannst, wer du bist und wie du selbstsicherer wirst. Beim Lesen und Ausprobieren findest du heraus, was du willst, was dir wichtig ist und wie du anderen das sagen kannst.

1. Wer bist du?

„Selbstbewusstsein" – was heißt das eigentlich?

Weißt du, warum deine Schwächen stark sind?

Was ist dir wirklich wichtig?

„Selbstbewusst sein bedeutet heute ‚cool' sein. Cool sein heißt abhängen, hohe Risiken eingehen und möglichst keine Verantwortung tragen. Coole Kids sind egoistisch, haben keine Ziele mehr und wollen nur noch den schnellen Kick."

Solche Sätze hast du bestimmt schon gehört. Jugendliche zwischen 12 und 18 Jahren sagen zum Thema „Selbstbewusstsein" etwas ganz anderes:
Cool und tough zu sein bedeutet, selbstständig zu entscheiden und so die eigenen Ziele zu erreichen. Der Selbstbewusste überzeugt durch seine Fähigkeiten und bleibt im Stress gelassen.

Die Top 10 der Persönlichkeit
Selbstbewusste Menschen sind:
1. ehrlich/„echt"
2. unabhängig
3. mutig
4. erfolgreich
5. nur schwer zu verunsichern
6. beliebt
7. gelassen
8. verantwortungsvoll
9. humorvoll
10. aktiv.

Deine Stärken!

Frag einmal Freunde oder deine Eltern nach ihren drei besten Eigenschaften. Die meisten Menschen haben Schwierigkeiten mit dieser Aufgabe, denn sie bemerken nur ihre Fehler und vergessen, warum sie wertvoll sind. Verrate es ihnen, bevor du weiterliest! Und dann zu dir:

Mein Stärkenkatalog
Nimm ein Blatt Papier und falte es der Länge nach. Schreibe auf der linken Seite deine Stärken auf. Bitte anschließend einen Freund (oder deine Eltern …) auf der rechten Seite aufzulisten, was deine Stärken sind – natürlich ohne die linke Seite zu lesen. Gibt es Unterschiede? Warum? Was denkst du über die Einschätzung auf der rechten Seite?

Du kannst natürlich auch nur für dich deine starken Eigenschaften und Fähigkeiten aufschreiben. Lass dir aber helfen, wenn dir kaum etwas einfällt!
Heb diese Aufstellung gut auf und erweitere sie regelmäßig. Sie hilft dir, wenn du dich schlecht fühlst oder wenn du an dir zweifelst.

Auch wenn du viel Negatives an dir siehst: Erkenne deine Stärken, mach sie dir deutlich bewusst! Sie helfen dir, wenn du etwas erreichen möchtest.

Deine Schwächen?

„Um ein tadelloses Mitglied einer Schafherde zu sein, muss man vor allem ein Schaf sein." Albert Einstein

Du ärgerst dich über deine Schwächen und willst sie ändern? Du bist aber kein Schaf, das sich einfach anpasst, ohne zu überlegen: Notiere deshalb die Eigenschaften und (Un)Fähigkeiten, die dir nicht an dir gefallen. Eine solche Liste kann so aussehen:
- Ich beherrsche das Dunking nicht.
- Ich erschwindele Geschichten und übertreibe.
- Ich mag meine kleine Schwester nicht.

Verwandle deine Schwächen in Stärken
Ist deine Liste fertig? Dann betrachte sie wie Sherlock Holmes, nämlich aus einem anderen Blickwinkel:

Sherlock-Blick Nr. 1:
Stören deine Eigenschaften wirklich dich oder erwarten andere von dir, dass du sie änderst?

(14)

Sherlock-Blick Nr. 2:
Alle Schwächen haben auch eine gute Seite für dich. Welche Vorteile bringt es dir, diese Schwäche zu haben? Hast du eine Stärke, mit der du diese Vorteile genauso erreichen kannst?
Du streitest z. B. oft mit deiner kleinen Schwester – warum? Will sie immer genau dann etwas von dir, wenn du allein sein möchtest? Zeigst du ihr deshalb deutlich, dass sie stört? Kümmere dich um sie, bevor sie zu dir kommt. Richte eine „Fragestunde für kleine Schwestern" ein …

Sherlock-Blick Nr. 3:
Welche Fähigkeiten oder Eigenschaften stecken hinter deinen Schwächen?
Um erfolgreich schwindeln zu können, braucht man beispielsweise Fantasie und Gefühl dafür, was der Zuhörer erwartet – also gute Eigenschaften! Vielleicht kannst du mit ihnen das Gleiche erreichen, ohne zu schwindeln.

Sherlock-Blick Nr. 4:
Überprüfe: Ist dein Veränderungswunsch realistisch? Was kannst du tun, um deine Schwächen zu verlassen?
Um ein Dunking zu beherrschen, braucht man enorme Sprungkraft und viel Übung. Wenn du 1,50 m groß bist und vor einer Woche mit dem Basketballspielen angefangen hast, wird es wohl noch eine Weile dauern, bis du es ausführen kannst.

So wie Sherlock Holmes solltest du deine Schwächen genau unter die Lupe nehmen und Ausreden nicht gelten lassen (Freunde sind hilfreiche Zeugen). Der Sherlock-Blick hilft dir, deine Eigenschaften zu verstehen und sie zu ändern. Du kannst dich übrigens selbst ganz in Ordnung finden, auch wenn du deine Schwächen kennst. Denn niemand ist perfekt!

Heute schon gelobt?

In Hamburg steht vor einem kleinen fröhlichen Mann ein Schild: „Eine herzliche Umarmung: 1,- Euro". Wenn er die Leute in den Arm nimmt, sagt er ihnen, dass es schön ist, sie zu treffen und dass sie genau so bleiben sollen, wie sie sind. Er verdient nicht nur viel Geld, die Umarmten sehen danach immer viel glücklicher aus als vorher.

(16) Andere zu loben und ehrliche Komplimente auszusprechen ist eine wunderbare Fähigkeit und ein Zeichen für Selbstsicherheit. Und jedes Lob, das du bekommst, sinkt tief in dein Unterbewusstsein und hilft dir, ein dickes Fell gegen Krisen zu bekommen.

Warte nicht darauf, gelobt zu werden. Du selbst weißt am besten, was dir gelungen ist. Lobe dich selbst. Am besten jetzt sofort. Sag es! Laut!

- Lobe sofort, wenn du merkst, dass jemand/du selbst etwas gut gemacht hast.
- Lobe ohne Einschränkung (nicht: „Ich habe eine 2 geschrieben, da habe ich aber Glück gehabt.").
- Lobe wirklich den, den du meinst (nicht: „Die Hose steht dir! – Die haben wir doch prima ausgesucht.").
- Lobe ehrlich und nicht, weil du auf ein Gegenlob wartest oder etwas erreichen möchtest.

Jeder Mensch ist einzigartig. Auch du bist etwas Besonderes. Deine Stärken und Schwächen machen dich zu einer einmaligen Persönlichkeit. Mein Kompliment!

Deine persönliche
Schatztruhe

(17)

Du besitzt eine Truhe voller Schätze, die du bewachst. Es sind Dinge, die dir besonders wichtig sind (man nennt sie auch „Werte"), denn sie tun dir gut, du freust dich über sie und sie helfen dir, dich richtig zu entscheiden. Deshalb reagierst du empfindlich, wenn jemand versucht, sie zu zerstören oder sie dir wegzunehmen.

Finde heraus, was in deiner Schatztruhe steckt. Markiere die drei wichtigsten Schätze in deinem Leben.

Welcher von ihnen ist deine Nr. 1?

- Freundlichkeit
- Rücksichtnahme
- Aktiv sein
- Ordnung
- Gefühle
- Offenheit
- Lernen/Arbeiten
- Spannung/Risiko
- Ehrlichkeit
- Freunde
- Respekt
- Stolz
- Frieden
- Hilfsbereitschaft

- Anerkennung/Lob
- Ruhe
- Logik/Vernunft
- Unabhängigkeit
- Sicherheit
- Spaß
- Freizeit
- Familie
- Spielen/Sport
- Hilfsbereitschaft
- Freiheit
- Erfolg
- Toleranz

Diese wertvollen Dinge entscheiden darüber, wofür du dich einsetzt und wie du mit Menschen umgehst. Sie können sich im Laufe deines Lebens ändern.

Wenn du manche Menschen nicht verstehen kannst oder dich mit ihnen oft streitest, kann das daran liegen, dass ihr völlig unterschiedliche Werte besitzt. Aber auch Menschen, die andere Schätze haben als du selbst, können für dich wichtig und deine Freunde sein.

Finde heraus, was in den Schatztruhen deiner Freunde, Eltern oder Mitschüler liegt. Warum passen manche Menschen zu dir, andere aber nicht?

Meine Zeit

Wenn du noch ein wenig in der Truhe kramst, findest du einen Schatz, den du vielleicht schon vergessen hast: deine persönliche Zeit. Schließe die Augen und vergiss für einen Moment, dass es eine gemessene Zeit (die Uhrzeit) gibt. Woran merkst du jetzt, dass die Zeit vergeht? An den Geräuschen der Menschen um dich herum? Ist es das Fahren der Autos? Dein Herzschlag oder Atem?

Die Zeit spüren wir vor allem durch Bewegungen. Wenn du dir einen Lehrer, den Bäcker oder deinen besten Freund vorstellst, fällt dir auf, dass sie sich alle unterschiedlich schnell, langsam, hektisch, ruhig oder energisch bewegen, sprechen, atmen, lernen und arbeiten. Jeder hat seine eigene Zeit!

Überlege, welche Zeit du mit dir trägst. Woran kannst du das erkennen? Erprobe deine Zeit: Was passiert, wenn du dein Tempo änderst, wenn du dich z. B. 10 Minuten lang möglichst wenig bewegst?

Deine Zeit kann dir helfen, dich gut zu fühlen:
- Wenn dir alles zu schnell geht, du aufgewühlt und unruhig bist, sei l–a–n–g–s–a–m. Gehe langsamer als sonst. Sprich ruhiger. Lege einen Ministopp nach jeder Aktion ein (Lernen - Stopp - Spülen - Stopp - Training - Stopp…). Bei jedem Stopp fragst du dich, ob du mit dem, was du tust, wirklich zufrieden bist.
- Wenn du dich gelangweilt und schlaff fühlst und dir alles irgendwie lahm erscheint, erhöhe das Tempo: Suche dir neue Interessen, ein Ziel, auf das du zugehst. Sprich mit mindestens einem Freund am Tag über etwas, das dir wichtig ist.

Manche Menschen leben nur für die Zukunft, sie arbeiten für die Rente, lernen in der achten Klasse schon für das Studium und vergessen dabei ihre (Jetzt-)Zeit. Was ist jetzt für dich wichtig? Was wäre jetzt im Moment richtig, was würdest du gerne tun?

Dein Name

Früher wurden Menschen nach ihren sichtbaren Eigenschaften oder Fähigkeiten benannt – auf diese Weise entstanden auch viele Familiennamen (wie Fischer, Klug etc.). Heute wissen nicht mehr viele, was Ole oder Jana bedeutet. Trotzdem sind diese Namen mit Menschen, also einzigartigen Persönlichkeiten, verbunden.

Das ist auch mit deinem Namen so. Lass dich so nennen, wie du es für richtig hältst, und korrigiere hartnäckig alle, die deinen Namen falsch aussprechen oder verändern. Denn er steht für all deine Eigenschaften und für das, was dir wichtig ist – also für dich.

Zusammenfassung

- Wenn du dich besser kennen lernst, wirst du dir selbst bewusst.
- So siehst du, dass du zu all deinen Eigenschaften stehen kannst, denn sie gehören zu dir und machen dich zu dem, was du bist. Du entscheidest, ob sie stark sind oder schwach und ob du etwas verändern möchtest.
- Dabei unterstützen dich am besten Menschen, die akzeptieren, was dir wichtig ist, und die dich nicht aus deiner Zeit drängen. Lob und Anerkennung sorgen für gute Laune und helfen dir dabei, selbstbewusster zu werden.

Ein Mini-Test:

Eine Maus und ein Elefant führten einst dieses Gespräch: „Meine Güte, Elefant, bist du groß!" – „Ja, Mäuschen, das bin ich. Warum bist du denn so klein?" „Hach (piepsiger Seufzer), ich war ganz lange krank."

Hast du einen Tipp für die Maus, damit sie nicht mehr seufzen muss?

2. Wohin mit den Gefühlen?

22

Weißt du, wie man über Gefühle spricht?

Wie kann man im Stress ganz locker bleiben?

Wie motivierst du dich für neue Herausforderungen?

Brüller oder Piepser?

Menschen gehen ganz unterschiedlich mit ihren Gefühlen um. Einige sind immer angepasst, vorsichtig, rücksichtsvoll und wollen keine Fehler machen. Man sieht und hört sie kaum, man könnte sie Piepser nennen.
Andere sind immer laut, haben ständig Ärger, sind gemein, frech, unverschämt – so richtige Brüller. Brüller trampeln gerne auf Piepsern herum.

Freude, Zorn, Trauer und Angst sind die mächtigsten Gefühle, die Menschen haben können. Du kennst sicher eine Menge Gefühle, die aus diesen „Hauptgefühlen" entstehen, wie z. B. Enttäuschung, Nervosität, Ärger und Begeisterung, und du weißt, dass Wut im Bauch und Angst wie ein schmieriger Kloß im Hals sitzen kann.
Piepser und Brüller haben nie gelernt, dass jedes ihrer Gefühle wichtig ist und ihnen sagt, was sie stört, was sie genießen oder wann sie etwas verändern sollen. Sie haben z. B. keine Ahnung, wie man mit einer grauen, kleinen, miesen Angst umgeht. Deshalb verstecken sie sich, toben oder tun so, als ob nichts sie erschüttern könnte.

Weil keiner so sein möchte und trotzdem jeder einen kleinen Piepser oder Brüller in sich hat, folgt jetzt das Anti-Brüll- und Anti-Pieps-Kapitel.

Gefühle
können sprechen

Liebe, Rache, Frust, Freude, Eifersucht – alle Gefühle erzählen dir etwas über dich selbst.
Nimm dir deshalb jeden Tag mindestens zehn Minuten Zeit, um auf dich zu hören. Am Anfang ist das merkwürdig, es wird aber immer einfacher. Such dir dafür eine ungestörte Denkecke, setz dich hin und mach nichts. Stell dir Menschen oder den vergangenen Tag vor und lass dir von dir selbst erzählen, wie es dir geht. Warum warst du vorhin so nervös? Was hat dich heute glücklich gemacht? Was war so richtig gut?

Wut kommt gut!

Wen nichts stört, dem ist nichts wichtig, am wenigsten er selbst. Gefühle zu zeigen hat also nichts mit „schwach sein" zu tun. Das gilt auch für Wut, Zorn und Ärger. Wir haben aber alle gelernt, dass man freundlich sein soll. Das ist richtig, aber nicht immer. Wütend sein können ist nämlich gesund. Lass dir deshalb nicht einreden, „du benimmst dich wie ein Baby" oder „du enttäuschst mich, wenn du so bist". Finde heraus, warum dich etwas ärgert, und suche einen Weg, deinen Zorn zu zeigen. Du kannst z. B. sagen, wie du dich fühlst:

- „AAAAAAAHH!" (die Gorillaschrei-Technik)
- „Ich halt's nicht aus!"

- „Lass mich erst mal in Ruhe, ich ärgere mich gerade!"
Egal, wie du deine Wut loswirst – bleibe fair und verletze niemanden damit. Auch nicht dich selbst.

Über Gefühle sprechen

Menschen, die ihre Fähigkeiten, ihr Wissen und ihre Gefühle zeigen können, sind nicht nur selbstbewusst, sondern auch sympathisch. Das liegt daran, dass mehr als 80 Prozent unserer Handlungen und Entscheidungen von Gefühlen bestimmt werden. Wenn du also Gefühle aussprichst, erklärst du damit, warum du etwas tust. So können dich andere verstehen und akzeptieren, wie du reagiert hast. Gefühle loszuwerden, tut außerdem richtig gut. Wer schon mal versucht hat, jemandem eine Liebes(oder Wut-)erklärung zu machen, weiß, wie schwer das ist.

Mit diesen Tipps wird ein Gefühls-Talk leichter:
- Sag es möglichst schnell, wenn dich etwas bewegt.
- Erbitte Zeit, wenn du erst mal nachdenken musst.
- Finde einen guten Ort und Zeitpunkt – ein ruhiger Moment ist geeignet, um über Gefühle zu sprechen.
- Gib zu, wenn es dir schwer fällt, über Gefühle zu reden.
- Versuche zu erklären, seit wann du so empfindest.
- Finde ein Bild, das dein Gefühl beschreibt (z. B. „Ich platze gleich wie ein Mohrenkopf in der Mikrowelle!")

Wenn du willst, bitte deinen Zuhörer um seinen Eindruck: Wie sieht er die Sache?

Gehe nicht mit deinen Gefühlen hausieren. Erzähle sie Menschen, denen du vertraust und natürlich denen, die sie ausgelöst haben.

Nur wer offen und deutlich sagt, was ihn unglücklich macht oder ärgert, kann Verständnis erwarten und Veränderungen erreichen.

Geliebtes Telefon

Sind viel zu viele Gefühle auf einmal in dir, dann wird das Telefon zum Rettungsring – die beste Freundin oder der beste Freund hat immer ein offenes Ohr. Erzählen, jammern und natürlich weinen tut richtig gut. Klagt nicht nur euer Leid und bedauert euch. Was hat dich wirklich so verwirrt? Findet es zusammen heraus. Überlegt, was ihr tun könnt, damit es dir besser geht. Wer kann euch helfen?

PS: Besser ist es, ihr trefft euch persönlich – das hält die Telefonrechnung und den Ärger mit deinen Eltern klein …

Gefühle kann man nicht abschalten. Du verletzt dich selbst, wenn du sie ignorierst oder alles in dich „hineinfrisst". Starke Sprüche helfen dir auch nicht weiter. Übe, deine Gefühle auszudrücken, auch wenn das für dich zunächst ungewohnt ist. Du liegst nie falsch damit.

Angst ist uncool!?

Angst ist so normal wie ein stinkender Pups – und für viele genauso peinlich. Sie halten sich für schwach und feige, wenn sie Angst haben.

Dabei kommt sie im Leben immer wieder vor: Angst vor Spinnen, vor Prüfungen, davor, die eigene Meinung zu sagen oder andere zu enttäuschen. Es gibt Angst vor der Angst oder davor, nicht so schön, beliebt, sportlich oder gut drauf zu sein, wie es andere erwarten.

99,9 Prozent der Menschen kennen Angst. Welche Angst kennst du?

Angst ist der Anfang von vielen anderen Gefühlen. Sie ist nötig, damit du mutig sein kannst. Viele erfolgreiche Menschen brauchen ein kleines bisschen Angst, um die besten Ideen zu haben oder um überhaupt mit der Arbeit anzufangen.

Wie funktioniert Angst?

Samstagabend in der Urzeit: Hugi, ein Urmensch, trottet einsam durch die Savanne. Er sucht ein Weibchen. Plötzlich sträubt sich sein schütteres Fell – Hugi erstarrt. Ein monströses Mammut kommt angriffslustig auf ihn zu. Hugis Herz klopft heftig – kein Gedanke mehr an Paarung. Wir wissen nicht, ob der wilde Sprint ihn retten konnte …

Ob Urzeit oder 21. Jahrhundert – Angst erleben wir alle gleich: Gänsehaut (gesträubtes Fell), Zittern, roter Kopf und ausgeschaltetes Gehirn (Black-out) – nichts hat sich geändert. Deine Angst ist ein Warnsystem, das dich alarmiert, wenn etwas nicht stimmt oder etwas Neues auf dich zukommt. Läutet der Alarm, dann befiehlt das Gehirn dem Körper, Angststoffe (Hormone) herzustellen, um ihn sofort für den Angriff oder die Flucht fit zu machen.

Der Angst begegnen
Angst ist eine wichtige Reaktion, sie schützt dich und lässt sich deshalb nicht einfach abschalten. Sie wird kleiner, wenn du sie besser kennst.
Nimm zwei Stühle. Einer ist für dich und einer für deine Angst. Unterhalte dich mit deiner Angst. Frage sie, seit wann sie da ist, in welchen Situationen sie auftaucht und was sie bei dir erreichen will …
Die Fragen stellst du vom Ich-Stuhl aus, für jede Antwort wechselst du auf den Angst-Stuhl. Von Frage zu Frage wirst du größer. Deine Angst wird bei jeder Antwort etwas kleiner und blasser, bis du sie in die Tasche stecken kannst (denn auch eine kleine Angst braucht eine Heimat). Schaue sie dir bei Gelegenheit an und erinnere dich daran, was sie über sich gesagt hat.
Keine Angst vor der Angst! Sie hilft dir, neue Situationen einzuschätzen und ein „Gefühl" für sie zu entwickeln.

Entspannen
im richtigen Moment

Es gibt sehr viele Entspannungsmethoden. Sie helfen dir, die Stress- und Angststoffe im Körper abzubauen. So bleibst du in Krisensituationen locker, kannst durchatmen und wieder klar denken.

Auf Fantasiereise gehen

„Im Blauen liegen und samtweiches Eisvogelgezwitscher fühlen". Geht nicht? Doch! Und zwar in deiner Fantasie:

1. Such dir einen Platz, wo du wirklich ungestört zehn Minuten verbringen kannst (die Denkecke ist ideal).
2. Schalte ruhige Musik ein (leise, ohne Gesang).
3. Schließ die Augen und höre auf die Musik.
4. Versuche gleichmäßig zu atmen.
5. Stell dir eine Umgebung vor, die dir gefällt (der Meeresgrund, ein fremder Planet …). Schau dich um. Wer wohnt hier? Wie riecht es? Wie fühlt sich die Luft an?
6. Geh in Gedanken los. Vielleicht triffst du jemanden oder findest etwas Wertvolles.
7. Wenn du etwas Unangenehmes mit dorthin gebracht hast, lass es sich in eine kleine Rauchwolke auflösen.
8. Komm mit deinen Gedanken langsam wieder in die Gegenwart zurück.

Entspannen in der Schule

Während einer Klassenarbeit oder Probe kannst du natürlich nicht auf Fantasiereise gehen. Um dich hier schnell zu entspannen, legst du kurz den Stift zur Seite und lehnst dich im Stuhl zurück. Deine Schultern hängen locker herab. Balle deine Hände zu Fäusten. Du atmest tief aus und entspannst dabei deine Fäuste langsam. Wiederhole das Ganze dreimal.

Countdown-Blitzentspannung

Atme länger aus als ein. Dann wirst du schnell ruhiger. Schließ am besten die Augen und zähle langsam. Atme von 1 bis 5 aus, bei 6 und 7 hältst du die Luft an, von 8 bis 10 atmest du wieder ein, bei 11 und 12 hältst du wieder die Luft an. Wiederhole das Ganze einige Male.

Der starke Bär der Cheyenne

Wusstest du, dass du nie alleine bist? An deiner Seite trottet ein riesiger Bär mit grimmiger Miene, aber freundlichen Augen. Wenn du deine Hand herunterhängen lässt, kannst du sein warmes Fell und seine Muskeln spüren. Er ist immer dabei, wenn du Ruhe, Stärke und Schutz brauchst. Seine Kraft und Gelassenheit gehen auf dich über.
Wer entspannt ist, will nicht weglaufen. Übe regelmäßig, damit du dich auch im Stress schnell wieder lockern kannst.

Echte Miesmacher

In dir steckt eine geheime Fernsteuerung – das so genannte Unterbewusstsein. Es sorgt beispielsweise dafür, dass du träumst. Außerdem speichert es wichtige Erlebnisse, über die du scheinbar nicht nachdenkst. Diese Fernsteuerung lässt kleine Sätze in deinem Kopf auftauchen. „Das schaffst du schon", hörst du da oder „Du bist die Größte!". Dies sind echte Powersätze.

Denk positiv!

In unangenehmen Situationen klingen solche Sätze anders. Sie sind richtige Miesmacher: „Das schaffst du nie", „Dafür bist du zu klein (zu dumm, zu müde …)", „Melde dich nicht, die anderen lachen bestimmt", „Immer ich …" Notiere drei Miesmacher-Sätze, die oft in deinem Kopf auftauchen.

Diese Miesmacher hast du irgendwo gehört oder gelesen (im Fernsehen, von Eltern oder Lehrern). Jetzt tauchen sie immer genau dann auf, wenn es am wenigsten passt. Wenn du auf sie hörst, rauben sie dir jeden Schwung und Mut. Sie tricksen dich aus, machen dich langweilig und du fühlst dich schlecht. Da hilft nur eins: Mies-Manipulation!

32

Verwandle mit wenigen Griffen deine fiesen Miesmacher in Powersätze. Dafür musst du sie einfach nur umformulieren:
- An den Anfang stellst du ein „Ich".
- Dein Satz enthält kein „nicht", „nie" oder „kein".
- Dein Satz ist so formuliert, als ob er schon passiert wäre.
- Du ersetzt jedes „ich muss" durch ein „ich will".

Wähle dazu einen Satz, der dir wirklich wichtig ist. Mit diesem Vorgehen wird der Miesmacher „Die anderen wissen sowieso viel mehr als ich" zum Powersatz: „Ich habe mich in Mathe immer gemeldet, wenn ich etwas wusste."

Das schlaffe „es"

Wie oft sagst du „Es ist so langweilig!", „Das (es) ist viel zu schwer" oder „ Es ist eben so, da kann man nichts machen"? Vorsicht! Das sind die schlaffsten Miesmacher überhaupt. Menschen, in deren Köpfen sie herumgeistern, sind unzufrieden, weil immer alle anderen Fehler machen, unter denen sie leiden. Solche Leute sagen sehr oft „es" oder „man" und selten „ich". So müssen sie nie etwas ändern, denn sie trifft ja keine Schuld. Alle Zuhörer reagieren genervt oder geben auch auf.

Hör nicht auf das schlaffe „es". Steh zu dem, was du denkst oder fühlst und sag „ich", wenn du „ich" meinst: „Ich weiß nicht, was ich machen soll.", „Ich sehe hier überhaupt keine Lösung." Wie reagieren jetzt die Zuhörer?

Drachenjagd fürs Selbstbewusstsein

Stell dir ein riesiges Stadion vor. In der Mitte steht eine Siegertreppe. Du gehst langsam darauf zu und steigst ganz nach oben. Musik ertönt, ein Spot ist auf dich gerichtet, das Publikum applaudiert und jubelt dir zu …

Das ist ein alter Sportlertrick: „Wer sich seinen Erfolg vorstellt, hat schon gewonnen". Wende ihn an, wenn du vor einer neuen Herausforderung stehst.

Wie? Du siehst keine Herausforderung für dich?

Besiege deine Drachen!

Des stolzen Ritters Ziel ist die Drachenhöhle. Auch du kannst dir vorstellen, dass du immer, wenn dir etwas nicht leicht fällt, direkt vor einem Drachen stehst.

So ein moosiges Ungeheuer kann ganz nah sein, wenn du dich z. B. überwinden musst, deinem Nachbarn endlich deine Meinung über zu laute Blasmusik zu sagen. Oder auch wenn du an der Tafel vorrechnen sollst. Besiege solche Drachen – es macht dich selbstbewusst!

Powersätze, Entspannungstechniken, ein Buch wie dieses, Freunde, Eltern und eine gute Planung können dir dabei helfen.

PS: Du musst nicht mit Godzilla anfangen. Kleine Siege sind genau richtig, um immer selbstsicherer zu werden.

Drachen spucken Feuer

Misserfolge und Fehler sind die Brandwunden der Drachenjagd. Du rechnest damit und weißt, dass sie absolut notwendig sind, wenn man immer selbstsicherer werden will. Erste Hilfe:

- Lecke deine Wunden. Ärgere dich laut. Im Tagebuch, bei Eltern oder Freunden. Versuche nicht, cool zu bleiben. Lass dir Mut zusprechen und dich trösten.
- Und dann: Finde heraus, woran es gelegen hat.
- Überlege, ob es nur ein Drache war, gegen den du angetreten bist, oder gleich eine ganze Drachenfamilie.
- Such einen neuen Weg, dein Ziel zu erreichen.
- Erstelle einen Aktionsplan. Was willst du für den nächsten Versuch unternehmen? Zeige den Plan Menschen, die dich unterstützen.
- Tu es! Bevor du etwas endgültig aufgibst, frage dich mehrmals, ob du mit der bestehenden Situation wirklich zufrieden bist.

Feiere deinen Erfolg!

Du hast dein Ziel erreicht? Belohne dich, wenn du es geschafft hast, und schiebe deinen Erfolg nicht auf die Umstände oder auf das Glück. Führe ein Erfolgstagebuch, lobe dich, lade dich ins Kino ein, kauf Karten für das Fußballstadion … Wow, warst du gut!

Zusammenfassung

- Gefühle können Nervensägen sein. Sie stören, wenn du dich lieber anders fühlen würdest. Wenn du jemanden kennen lernen möchtest zum Beispiel und genau dann merkst, dass du schüchtern bist. Dann wärest du lieber ein selbstsicherer Redner. Jetzt kannst du natürlich so tun, als wärest du einer, du kannst aber auch einfach ehrlich sein ...

- Wer Gefühle zeigt, wirkt sympathisch. Wer dagegen nie zulässt, dass man seine Empfindungen sieht, vergisst selbst sehr schnell, dass sie da sind. So werden Gefühle immer leiser, denn es achtet ja keiner auf sie. Menschen, die ihre Gefühle kaum noch hören können, tun nur noch, was andere von ihnen erwarten. Sie werden sich selbst egal und sind unzufrieden, weil sie nicht mehr merken, was sie eigentlich wollen.

- Finde deshalb heraus, wie du dich fühlst. Ob du dich nun freust, ärgerst oder traurig bist: Lass es dich und andere wissen.

- Wenn du positiv denkst, verändert sich deine Einstellung zu dir selbst. Du merkst, dass du jetzt im Moment selbst etwas machen kannst und nicht die ganze Welt gegen dich ist. So fällt es dir leichter, Herausforderungen anzunehmen und Erfolge zu feiern.

3. Was dein Körper zu sagen hat

Wie wird man schön?

Warum kommen manche Menschen besser an als andere?

Muss Sport wirklich sein?

An dich, meinen Körper!
Wie konntest du mir das antun? Im Spiegel schwabbelt mein Hintern, mein Bauch sieht aus wie eine Fleischwurst. Meine Nase ist zu groß, alle anderen Teile sind irgendwie zu klein geraten. Wegen dir ist mein Deo der totale Versager. Jetzt hast du mir auch noch den 100sten Pickel beschert – eitrig natürlich, unausdrückbar. Der Tag ist im Eimer. Mich rettet nur noch die Guillotine oder eine Papiertüte über dem Kopf.
Verzweifelte Grüße,
Ich

Die meisten Menschen hatten irgendwann mal das Gefühl, ihrem Körper hilflos ausgeliefert zu sein. Schlacksigkeit, Rundungen an unmöglichen Stellen oder Schweißfüße stellen deine Selbstsicherheit auf eine harte Probe.
Beantworte dir vor dem Spiegel ein paar Fragen:

- Warum gefällt dir einiges an deinem Körper und manches nicht?
- Bist du das im Spiegel? Bist du nur das oder mehr?
- Wärest du noch du, wenn du anders aussehen würdest?
- Entscheidet dein Körper darüber, wer du bist?

Dein Körper gehört zu dir, es gibt weltweit nur den einen für dich. Egal wie er aussieht, er passt zu dir und du kannst ihn mögen.

Körperpflege
ist wie streicheln

Schleifpaste gegen Pickel? Korsett gegen Fett? Drogerieregale durchprobieren kann jeder. Körperpflege ist mehr. Was unternimmst du noch, um dich in deinem Körper wohl zu fühlen? Check it out!

- *ICH BIN OFT DRAUSSEN / IN DER SONNE.*
- *ICH VERBRINGE MEINE FREIZEIT AKTIV.*
- *ICH SCHLAFE GENUG.*
- *ICH KANN MICH GANZ ENTSPANNEN.*
- *ICH TREIBE SPORT.*
- *ICH BADE / DUSCHE REGELMÄSSIG.*
- *ICH PFLEGE MEINE ZÄHNE, MEINE HAUT UND MEINE HAARE.*
- *ICH ERNÄHRE MICH WEITGEHEND GESUND.*
- *ICH BRAUCHE KEINE DROGEN.*
- *ICH WEHRE MICH GEGEN ANSPIELUNGEN AUF MEIN AUSSEHEN.*

Wer sich pflegt, verwöhnt sich. Und wer sich verwöhnen kann, der mag sich – und das kann jeder sehen!
Dein Körper und dein Selbstbewusstsein sind untrennbar miteinander verbunden. Er zeigt anderen und dir, was du von dir hältst. Behandle ihn respektvoll – du bist es wert.

Ernährung

Essen hat viel mit Körperpflege zu tun. Hamburger, Chips und Schokolade sind ein Genuss. Leider sind sie richtige Fettlieferanten und dein Körper speichert Fett sehr schnell. Das schlägt auf dein Selbstbewusstsein, wenn es dich träge und unkonzentriert macht. Oder wenn deine Gedanken nur noch um deine Fettpölsterchen kreisen. Kein Grund zur Panik! Wer sich viel bewegt, verbraucht dieses Fett auch wieder. Je ausgewogener du isst (viel Gemüse!!), desto einfacher haben es deine Haut, Haare, Fingernägel und Freunde.

Pickel

Wenn du auf die Guillotine verzichten willst, musst du mit deinen Pickeln leben. Das Hormon-Chaos in deinem Körper, deine Erbanlagen (hatten deine Eltern Akne?) und Stress (z. B. ein Rendezvous) lassen sie blühen. Alkoholfreie Pflegemittel, viel Sonne und wenig Kratzen helfen dir, das Schlimmste zu verhindern. Dustin Hoffmann – erfolgreich, umschwärmt und vernarbt – bleibt ein Trost für uns alle.

Schlaf

Du wirst am Tag urplötzlich sehr müde, kannst abends aber lange nicht einschlafen? Du bist schnell gereizt, „superalbern" oder hast „null Bock"?

Könnte es sein, dass du wenig schläfst? Der Schlafbedarf sinkt nur sehr langsam mit dem Alter. Ein 30-jähriger Mensch braucht immer noch 7,5 Stunden Schlaf; Schlafmangel macht auf Dauer krank.

Gut aussehen = gut ankommen?

Ein echter Mann muss groß, muskulös, eine richtige Frau schlank und ohne Cellulite sein. Mit diesen Werbebildern verdient allein die Diätindustrie der USA 33 Milliarden Dollar jährlich – obwohl jeder weiß, dass 98 Prozent der Diäten nicht funktionieren. Eine Folge davon: Immer mehr Jugendliche missbrauchen „Hungerbremsen" und Aufbaupräparate. Sich in Muskelbergen zu verstecken oder langsam zu verhungern ist keine Körperpflege, sondern Körperfolter.

Schönheit leicht gemacht

Steh zu deinem Körper und behandle ihn respektvoll. Finde heraus, was dein Körper kann und was ihm gut tut. Sei du selbst und kopiere keine „perfekten Vorbilder". Versteck dich nicht hinter Kleiderlabels und Make up – du bist mehr, als Farben und Marken aus dir machen können. Die beste Ausstrahlung hat der, der sich selbst mag. Das ist es, was gut ankommt!

Dein Körper spricht mit dir und anderen

80 Prozent des Eindrucks, den du von jemandem hast, entsteht (du merkst es kaum) durch dessen Körpersprache. Dazu gehören der Blick, die Art zu sprechen, der Gesichtsausdruck (Mimik), die Bewegung der Hände (Gestik), die Körperhaltung und sogar der persönliche Geruch. Der Gang eines Menschen zeigt dir, wie es ihm geht und wie er mit der Welt umgeht.

In den ersten Sekunden einer Begegnung entscheidet sich, ob dein Gegenüber dir offen, sympathisch, interessant, langweilig oder Misstrauen erweckend erscheint. Wer einen guten „ersten Eindruck" hinterlässt, wird deshalb häufiger angesprochen. Ein Missgeschick wird ihm schneller verziehen. Wie möchtest du auf deine Umgebung wirken? Z. B. auf den Neuen in der Klasse oder auf den Chef, der dir unbedingt einen Ferienjob geben soll?

Von Strebern und Körpermuffeln

Du hast Angst, als Streber bezeichnet zu werden? Ein Lehrer scheint immer nur mit dir zu sprechen? Schüler, denen es so ergeht, sitzen meist aufrecht oder lehnen sich leicht nach vorne. Sie wenden sich dem Lehrer zu, und oft stützen sie zusätzlich das Kinn in die Hand. Was manche als „Streberhaltung" bezeichnen, verschafft dir im privaten Umfeld Freunde und Freundinnen. Diese Haltung zeigt nämlich deinem Gegenüber, dass du zuhörst und dich für ihn interessierst.

Wirst du häufig übersehen? Grüßt man dich nicht auf der Straße? Auch das kann an deiner Körpersprache liegen. Vielleicht signalisierst du: „Lass mich bloß in Ruhe". Dann ziehst du wahrscheinlich die Schultern ein wenig nach oben, wendest den Blick ab und versteckst deine Hände. Da traut sich keiner ran!
Beobachte die Körpersprache von anderen Menschen. Deute nicht jedes Ohrläppchenzucken, aber finde heraus, wie die verschiedenen Körperhaltungen auf dich wirken. Dann probiere sie selbst aus. Das funktioniert überall, ideale Trainingsfelder sind Fahrstühle und Wartezimmer. Lächeln und Blickkontakt haben hier eine durchschlagende Wirkung. Du wirst über die Reaktionen deiner Mitmenschen erstaunt sein.

Was Charly Brown weiß:
„Wenn du etwas von deiner Depression haben willst, darfst du auf keinen Fall in den Himmel schauen!"
Setz dich, lass Arme und Kopf hängen. Dein Rücken ist rund und du machst ein trauriges Gesicht. Dann erklärst du: „Ich fühle mich absolut super!"
Das klingt nicht sehr überzeugend? Es kann gar nicht funktionieren. Dein Körper sagt nämlich nicht nur anderen, sondern auch dir selbst, wie du dich fühlst.

Deshalb kannst du deine Laune verbessern und dich sicherer fühlen, wenn du deine Körpersprache veränderst.

Die Hyper-Haltung

- Wachse innerlich, mach dich groß.
- Steh fest auf beiden Füßen.
- Richte dich auf. Dafür kneift man am besten den Po zusammen und nimmt das Kinn ein wenig höher.
- Wende dich (deine Schultern) der Welt zu.
- Halte Blickkontakt (oder schiele haarscharf vorbei).
- Lass deine Schultern fallen, atme tief aus.
- Denk an das, was dich stark macht (Erfolge, Lob …).
- Lächle!

Und außerdem:
- Verstell dich nicht. Auffällige Gesten, überlautes Lachen und Sprechen wirken meistens unecht.
- Sei nicht laut, um dich durchzusetzen. Du findest einen anderen Weg dafür. Zwischen 50 Krähen fällt nur eine Meise auf.
- Bleib ruhig, wenn du nichts zu sagen hast. Wer immer redet, denkt nie nach!

Die Ausstrahlung eines Menschen hängt stark von seiner Körpersprache ab. Finde heraus, was dein Körper anderen vermittelt und ob du daran etwas verändern möchtest.

Sport macht stark

Sport ist zugegebenermaßen nicht besonders reizvoll, wenn man ein langer Schlacks oder pummelig ist. In der Pubertät verändern sich die Proportionen des Körpers. Dadurch fühlen sich viele Bewegungen anders an oder funktionieren überhaupt nicht mehr. Man fängt keinen Ball und kann sich am Reck nicht mehr halten. Inlineskaten? – Kein Gedanke!

Du hast trotzdem noch Interesse am „Rumgehüpfe" mit anderen? Fantastisch. Durch Sport findest du am einfachsten heraus, was dein Körper kann und wo seine Grenzen sind.

- Sport macht stark. Er ist die einzige Chance, um wabblige Muskeln und Fettpolster in den Griff zu kriegen.
- Sport macht schlau. Wusstest du, dass du durch Ausdauertraining deine geistigen Fähigkeiten um bis zu 100 Prozent erhöhen kannst?
- Sportler haben Freunde. Egal ob Fußball, Schifahren oder Boarden: Mit anderen zusammen ist Sport einfach lustiger. Deshalb treten Sportler meistens in Rudeln auf, und sie tun nicht nur so, sie haben tatsächlich viel Spaß.

Dich stört das ständige „Besser-sein-Müssen"? Wie wäre es hiermit: Kajak fahren, Tanzen, Spinning, Klettern … Welche Sportart probierst du in der nächsten Woche aus?

Zusammenfassung

Deine Gedanken, deine Gefühle, deine Fähigkeiten, deine Eigenschaften und dein Körper bilden zusammen eine Einheit, so wie die Sterne einer Galaxie.

Versuch deshalb auch ein wenig körperbewusst zu werden, denn deine Gesundheit, deine Fitness und dein Aussehen wirken auf dein Selbstbewusstsein ein. Fordere deinen Körper ruhig, aber vergiss Supermodels und Waschbrettbäuche (oder frage sie, ob sie glücklich sind mit Diät und Solo-Training) – du musst nicht so aussehen. Ein guter Körper ist nicht gestresst und gequält. Er ist ein echter Freund deiner Gedanken und deiner Gefühle.

Weil ich bin

Ich atme ein, ich atme aus,
die Luft geht rein, die Luft geht raus.

Ich gehe vorwärts, Schritt für Schritt,
ein Fuß geht mit dem andern mit.

Ich denke leise, so für mich:
Weil ich ich bin, bin ich ich.

Helmut Glatz

4. Jetzt rede ich!

Wie sagst du deine Meinung?

Kannst du dich gut entscheiden?

Was heißt eigentlich „echt sein"?

Alle Menschen sind gleich wichtig. Jeder hat das Recht, mit Respekt behandelt zu werden. Und niemand hat das Recht, jemanden zu verletzen oder ihm Schmerz zuzufügen.

Rechte, Verantwortung und dein Selbstbewusstsein
Jugendliche, Popstars, Lehrer, Versicherungsvertreter – eben alle – können leicht erkennen, dass dies die wichtigsten Rechte sind, wenn Menschen miteinander leben und umgehen wollen. Aus diesen Grundrechten entstehen weitere Rechte für dich:
Du hast das Recht, deine Meinung zu sagen und immer mehr Entscheidungen selbstständig zu treffen.
Du hast außerdem das Recht, anderen klarzumachen, was du brauchst oder willst.
Und vor allen Dingen hast du das Recht, du selbst zu sein!

Für jedes dieser Rechte darfst und sollst du selbstbewusst eintreten – für dich und für andere. Man nennt das „Verantwortung übernehmen". Wer immer alles hinnimmt und nie für etwas einsteht, überlässt anderen die Verantwortung. Solche Menschen werden sehr schnell unzufrieden und griesgrämig. Sie haben nie Vorschläge, jammern „Ich wusste gleich, dass es so kommt" oder „Immer ich!". Wenn jemand sagt: „So sehe ich das!" oder „Ich habe eine Idee …!", dann lästern sie und sind graugrün vor Neid.

Ich sage meine Meinung

Weil jeder Mensch anders ist und eine andere Meinung oder andere Bedürfnisse haben kann, ist es oft nicht einfach, einen Weg zu finden, der für alle gut ist. Deshalb diskutierst du oder streitest dich. Beides sind faire Methoden, um eine gemeinsame Lösung, also einen Kompromiss, zu finden. Manche streiten allerdings auch, um andere niederzumachen. Das hat nichts mehr mit Verantwortung zu tun. Zeig solchen Leuten die kalte Schulter.

12 Tipps für selbstbewusstes Diskutieren

1. Freunde streiten offen miteinander. Nur Betrüger täuschen vor, dass alles in Ordnung ist.
2. Sag, was du denkst. Wenn du den Mund hältst, bestimmen andere, was gut für dich ist.
3. Wenn möglich, bereite einen Spickzettel vor. Auf ihm steht, was und warum dir etwas wichtig ist.
4. Bitte jemanden, dafür zu sorgen, dass alle zuhören und am Ende die Ergebnisse zusammenzufassen. Allen soll klar sein, worauf ihr euch geeinigt habt.
5. Nimm die Hyper-Haltung ein, atme langsam aus und versuche ruhig zu sprechen. Das wirkt sehr überzeugend. Probier es!

6. Wie fangen andere an, wenn sie ihre Meinung sagen? „Das finde ich auch, aber du hast da etwas Wichtiges vergessen …"; „Was du sagst, ist nur zum Teil richtig …" Übe solche Sätze zu Hause laut vor dem Spiegel. So siehst du, welcher Satz überzeugend wirkt, wenn du ihn aussprichst.
7. Denk mit und knüpfe an das an, was andere gesagt haben.
8. Stell Fragen. So zeigst du dein Interesse, lernst andere Meinungen genau kennen und gewinnst Zeit. Außerdem lässt du Besserwissern und Angebern keine Chance.
9. Nimm dir Zeit, um über die Argumente der anderen nachzudenken, und gib ruhig zu, wenn sie besser sind.
10. Sprich dich mit einem Freund oder einer Freundin ab. Sie können dir laut zustimmen, helfen, wenn du den Faden verlierst, oder dir einfach nur verschwörerisch zulächeln.
11. Plane graugrüne Neider ein. Frage sie vor der Diskussion, was sie von deiner Idee halten. So fühlen sie sich geschmeichelt und du lernst gleichzeitig ihre Argumente kennen.
12. Übe freies Sprechen so oft wie möglich. Du kannst z. B. Anrufbeantwortertexte erfinden, Theater spielen oder dich am Telefon über Reisemöglichkeiten nach Honolulu erkundigen.

50

Zoff!
Wenn ein Streit zu einem richtigen Zoff wird, wenn ihr euch wütend beschimpft und du schon gar nicht mehr weißt, worum es geht ... STOPP! ... Hör auf. Geh weg. Jedes weitere Wort macht alles schlimmer. Finde heraus:
- Was war die Sache, über die ihr gestritten habt?
- Was hat euch so aufgeregt? Was hat jeder erwartet?
- Wie fühlst du dich jetzt?
- Warum willst du alles ins Reine bringen?
- Was kannst du für eine Versöhnung tun?

Dann atme durch und greif zum Telefonhörer ...

Nein sagen!
Dein spitzester Dolch ist ein klares, geschliffenes „Nein!". „Nein-sagen" ist nicht in Ordnung, wenn du einfach schmollst oder jemanden verletzen willst. Aber es ist unersetzlich,
- wenn jemand unfair ist oder dich verletzt,
- wenn jemand dich auffordert, etwas Verbotenes zu tun,
- wenn du weißt, dass etwas nicht in Ordnung für dich ist (z. B. andere zu ärgern),
- wenn du Zeit für dich brauchst (zum Nachdenken, Lernen, Entspannen, Alleinesein ...).

Probier es aus: Richte dich auf wie King Kong und sag „Nein!" oder auch „N -E - I - N- !". Sprich es in allen Tonlagen und Lautstärken aus, und zwar entschlossen und eindeutig.

Hinten an dein eiskaltes „Nein" hängst du natürlich eine Erklärung – sonst musst du deinen Dolch zu oft ziehen.

Mit Kritik umgehen

Dein Lehrer kritisiert dich. Wie reagierst du?
- Ich gehe in die Luft: „Das ist unfair!"
- Ich jammere ganz leise und könnte heulen.
- Ich werde stinksauer und überlege, wie ich mich räche.
- Ich würde mich am liebsten verstecken. Ist das peinlich!

Oder:

Ein Kritiker ist jemand, der eine bestimmte Erwartung an dich oder einen bestimmten Eindruck von dir hat. Kritik sagt dir also, wie andere dich sehen. Entscheide selbst, was du glaubst und ob die Kritik dich weiterbringt. Dann kannst du:

- zustimmen: „Ja, ich weiß – ich will das selbst ändern."
- ablehnen: „Nein – das finde ich nicht!"
- einfach nichts sagen,
- erst mal nachdenken: „Dazu kann ich jetzt noch nichts sagen – gib mir Zeit!"
- cool bleiben „Das stört dich? – Ich finde das ganz o. k.!".

Ein Profi will mit Kritik etwas verändern und nicht verletzen. Deshalb gibt es Regeln für schmerzfreies Kritisieren.
1. Erkläre zuerst, was dir gefällt und was gut läuft.
2. Kritisiere ehrlich und sachlich (übertreiben gilt nicht).
3. Kritisiere aus deiner Sicht: „Ich finde …" oder „Ich habe den Eindruck …"
4. Kritisiere konstruktiv, halte eine bessere Idee bereit: „Wir könnten ja …"

Manchmal erkennst du zu spät, dass du mit deiner Kritik völlig falsch liegst, einen ungünstigen Moment erwischt oder jemanden verletzt hast. Dann stehst du plötzlich mit beiden Füßen gleichzeitig im Fettnapf und peinliche Stille tritt ein. Da hilft kein Witz, kein Rumdrucksen und kein elegantes Vertuschen. Es gibt nur eine richtige und mutige Lösung: Entschuldige dich!

Ich entscheide
selbstständig

Motorrad fahren, rauchen, ausgehen – je älter du wirst, desto mehr darfst du selbstständig entscheiden. Selbstständig heißt nicht, dass du ohne Hilfe, allein, entscheiden *musst*. Vielmehr beschließt du etwas zu tun (oder zu lassen) und stehst dann für die Folgen deiner Entscheidung ein. Du übernimmst die Verantwortung dafür. Überlege, worüber du bereits selbst entscheidest und wofür du zusätzlich Verantwortung übernehmen willst. Dir fällt bestimmt auch ein, vor welcher Verantwortung du dich gerne drückst. Wie triffst du Entscheidungen? Aus dem Bauch heraus? Spontan? Gar nicht?

Um dich verantwortungsvoll zu entscheiden, solltest du dir einige Fragen beantworten:

- Was wünsche ich mir, was möchte ich genau erreichen?
- Warum will ich das? Welche Vorteile erlange ich damit?
- Wie fühle ich mich (meine Eltern, Freunde …), wenn ich mich dafür/dagegen entscheide?
- Welche Folgen hat es für mich (meine Eltern, Freunde …), wenn ich meinen Wunsch erfülle?
- Welche Schwierigkeiten können sich ergeben? Brauche ich Unterstützung?
- Muss ich mich zwischen Ja oder Nein entscheiden? Oder gibt es eine Zwischenlösung, die mich zufrieden macht?

Bei Sachentscheidungen kann dir eine Matrix helfen. Trage in die oberen Spalten ein, welche Vor- und Nachteile du bedenkst. In die linke Spalte (ganz außen) schreibst du die Möglichkeiten, zwischen denen du dich entscheiden willst.

Beispiel:
Wo treffe ich mich zum ersten Mal mit Lena?

	Ruhe	Gespräch	Spaßfaktor	Notausgang	
bei mir	+ +	+ +	?	- - -	
Eisdiele	+	+ +	+	+ +	✗!
Disco	-	-	+ +	+	

Probier es selbst aus! Was machst du, wenn du dieses Buch zu Ende gelesen hast?

Wenn du entscheiden musst, wie du dich verhalten sollst, frage dich, wie du selbst gerne behandelt werden würdest. Was würde dir gut tun, wenn du auf der anderen Seite stündest? Was wäre für dich besser als fair?

Besorge Informationen, hole dir Hilfe, diskutiere, entscheide mit anderen zusammen. Das ist besser, als alles hinzunehmen und sich anzupassen aus Angst, sich falsch zu entscheiden.

Ich bin ich

Keiner versteht dich? Alle verstehen nur sich?
Es gibt eine Seite an dir, die du selbst nicht sehen kannst. Man erzählt dir von ihr und manche beurteilen sie. Diese Seite ist das Bild, das andere von dir haben.
Wenn die Menschen um dich herum dich ganz anders einschätzen als du selbst es tust, dann nimm es ihnen nicht übel. Sie sehen dich wie durch einen Spiegel, seitenverkehrt und eben mit ihren Augen, nicht mit deinen.

Schwieriger wird es, wenn du willst, dass die Menschen dich auf eine ganz bestimmte Weise sehen. Dann passiert etwas Merkwürdiges: Du passt dich dem Bild an, von dem du dir wünschst, das andere es von dir haben. Du schaust also von außen in den Spiegel und beurteilst dich.
- Was sagen andere über dich? Stimmt dieses Bild von dir?
- Warum haben sie diesen Eindruck von dir?
- Wie wärst du gerne? Wie sollen dich andere sehen?
- Bist du noch du, wenn du so wärest?

Manche fühlen sich unsicher, weil sie glauben, dass das, was sie sind, nicht gut genug ist. Sie versuchen anders oder größer zu sein. Sie verstecken sich, geben an oder lästern (um andere kleiner zu machen). Selbstbewusste Menschen dagegen können andere so sein lassen, wie sie sind.

Der Spaßfaktor

Wie lange ist es her, dass du dir ein richtiges Loch in den Bauch gefreut hast? Über dich, über jemanden oder über etwas? Länger als eine Woche? Das solltest du ändern. Du meinst, man kann sich nicht einfach so freuen?

„Ich bin müde, müde, müde. Ich muss gähnen – gähnen – gääähnen." Wenn du diesen Satz oft genug sagst und dir noch einen gähnenden Dackel dazu vorstellst – was passiert? Genau!

Genauso ist es normalerweise mit guter Laune, Lachen und Spaß. Probier es aus: Woran musst du denken, um in den nächsten 30 Sekunden zu lächeln – zu grinsen – herzhaft zu lachen?

Es klappt nicht? Du hast keinen Spaß? Fragen wir die Wissenschaft: „Meine Damen und Herren, wann entsteht Freude?"

Immer dann, wenn du
- nicht traurig, ängstlich oder zornig bist.
- dein Ziel im Blick hast.
- selbst glaubst, das andere dich für einen fröhlichen Menschen halten. Denn jeder versucht (automatisch) so zu sein, wie er gerne gesehen werden möchte.

- eine spannende Aufgabe bewältigen willst und weißt, dass du es schaffen kannst.
- genau so sein willst (und darfst), wie du bist, und Platz hast, dich zu verändern.

Vielleicht hast du jetzt herausgefunden, warum du so wenig Grund hast, dich zu freuen. Sprich mit jemandem darüber, dem du vertraust. Was kannst du ändern?

Es ist vollkommen anders? Alle Sätze treffen gleichzeitig auf dich zu? Bist du verliebt?
Dann ist alles leicht, nichts ärgert dich, der Himmel ist ein bisschen blauer, die Stadt ein wenig bunter. Du fühlst dich wach und stark, die ganze Welt verdient ein Lächeln …
Das ist die beste Art, selbstbewusst zu sein!

Verlieb dich!
In wen? Schau dich um. Am besten in die ganze Welt. Zu viel? Dann nimm dich, du bist gerade da. Schön, dass es dich gibt. Denn du bist ein Mensch, der vieles kann, der Fragen stellt und viel vom Leben erwartet. Du hast Macken und dir ist nicht alles egal. Du bist deshalb manchmal traurig oder stinksauer. Aber am liebsten lachst du und hast Spaß. Hut ab! Du bist wirklich jemand, in den man sich verlieben kann.

Zusammenfassung

- Ob jemand selbstbewusst ist, fällt dir zuerst auf, wenn du mit ihm oder ihr sprichst. Kannst du erkennen, was ihm wichtig ist? Setzt sie sich für etwas ein? Passt er sich der Meinung der „Starken" immer an? Glaubst du, dass das, was sie sagt und was sie ist, übereinstimmt?

- Versuche, möglichst ehrlich zu dir und zu anderen zu sein. Man nennt das auch „echt sein". Das geht nur, wenn du zeigst, was du bist. Deine Meinung zu sagen und einen Konflikt zu riskieren gehört genauso dazu wie sich entschuldigen zu können. Und manchmal ist es auch notwendig, sich anzupassen.

- Um selbstständig Entscheidungen treffen zu können, wirst du lernen, Verantwortung zu übernehmen. Die wichtigste Orientierungshilfe dabei ist, den Respekt vor dir selbst und vor anderen zu bewahren. Du achtest darauf, dass durch deine Handlungen und deine Worte niemand verletzt wird.

Dein Erfolgsfoto

59

Du bist ein vollkommener Mensch, der mit seinen Möglichkeiten, Fähigkeiten, Eigenschaften, Gedanken und Werten fröhlich sein und viel erreichen kann.

Zeichne dich so, wie du dich am liebsten siehst, oder klebe dein bestes Foto ein.

7 starke Tipps
für mehr Selbstbewusstsein

1. Sei ehrlich zu dir selbst und finde Neues über dich heraus. Dafür brauchst du Zeit für dich alleine.

2. Achte auf deine Gefühle. Woher kommen sie? Was wollen sie dir sagen?

3. Lobe dich und andere – jeder Erfolg ist es wert, gefeiert zu werden.

4. Körperpflege, Sport und Entspannungsübungen helfen dir, dich wohl zu fühlen und deine Ausstrahlung zu verbessern.

5. Sag, was dir wichtig ist, und schluck Ärger nicht hinunter. Du selbst kannst etwas verändern.

6. Bereite dich auf Diskussionen vor und lass dich von Freunden unterstützen.

7. Setz dich ein für dich und für andere, denn jeder Mensch hat Respekt verdient.

Empfehlenswerte Produkte

Weiterführende Bücher

Konnertz, Dirk:
Mehr melden – Selbstsicherheit gewinnen
Bayreuth: Schmidt Verlag 1998

Konnertz, Dirk & Sauer, Christiane:
Fit für die Zukunft
Bayreuth: Schmidt Verlag 1999

Konnertz, Dirk & Sauer, Christiane & Kneip, Wilfried:
Lern-Landkarten
Mühlheim a.d. Ruhr: Verlag an der Ruhr 1998

Stichwortregister

Anerkennung 21
Angst 23, 27 f.
Black out 28
„cool" sein 11
Countdown-Blitzentspannung 30
Diät 40
Diskutieren 48 f., 60
Drachenjagd 33 f.
Entscheidung 53 f., 58
Entscheidungsmatrix 54
Entspannung 29 f., 60
Erfolgsfoto 59
Erfolgstagebuch 34
Ernährung 39
Fantasiereise 29 f.
Gefühle 22–35, 60
Gefühls-Talk 25
Grundrechte 47
Hyper-Haltung 43, 48
Körperhaltung 41 f.
Körperpflege 38 ff., 60
Körpersprache 41 ff.
Kritik 51 f.
Kritisieren, schmerzfreies 52
Lob 16, 21, 34, 60
Miesmacher 31 f.
Nein-sagen 50 f.
Persönlichkeit 16
Powersätze 31 f.

Respekt 47, 60
Schätze 17 f.
Schatztruhe 17 f.
Schwächen 13–16
Sherlock Holmes 13, 15
Sherlock-Blick 13 ff.
Spaßfaktor 56 f.
Sport 44, 60
Stärken 12 f., 16
Stärkenkatalog 12
Streberhaltung 41 f.
Stress 39
Unterbewusstsein 16, 31
Verantwortung 47, 53
Werte 17 f.
Wut 24 f.
Zeit 18 f.

Ferienseminare & Coaching

Die **LernTeam-Ferienseminare** verbinden erfolgreiches Lernen mit einem attraktiven Freizeitangebot. Neben Lernmethodik, Rhetorik und den schulischen Hauptfächern finden zahlreiche sportliche und kreative Aktivitäten statt.

In unserem **Coaching** werden Schülerinnen und Schüler über das gesamte Jahr von einem erfahrenen Trainerteam begleitet. Im Mittelpunkt steht die persönliche und schulische Weiterentwicklung Ihres Kindes - für mehr Erfolg, Motivation und Lernspaß.

"Nach acht Schuljahren habe ich endlich erlebt, was Motivation ist!"

Gregor Assfalg aus Ravensburg

Info unter:
**Das LernTeam
Dirk Konnertz &
Christiane Sauer
Frankfurter Str. 42
35037 Marburg
Fon: 06421-169690
Fax: 06421-1696929
e-mail: info@lernteam.de
Internet: www.lernteam.de**

**Kennst du schon die anderen Bücher
aus der Reihe „Kids auf der Überholspur"?**

GABAL Verlag
Schumannstraße 163 · 63069 Offenbach
Tel.: (0 69) 83 00 66-0 · Fax: (0 69) 83 00 66-66
E-Mail: info@gabal-verlag.de